8
LN27
42043

UN

AMATEUR AU XVIIᵉ SIÈCLE

GILLES RENARD

PAR L'ABBÉ L. FROGER

MAMERS

G. FLEURY ET A. DANGIN, IMPRIMEURS-ÉDITEURS

—

1893

UN

AMATEUR AU XVIIᴱ SIÈCLE

GILLES RENARD

UN

AMATEUR AU XVIIᴱ SIÈCLE

GILLES RENARD

PAR L'ABBÉ L. FROGER

MAMERS

G. FLEURY ET A. DANGIN, IMPRIMEURS-ÉDITEURS

—

1893

UN
AMATEUR AU XVIIᴱ SIÈCLE
GILLES RENARD

Gourville est le type de ces hommes d'affaires, qui, partis de rien ou peu s'en faut, montent, par leur savoir-faire, à un rang plus ou moins élevé. Dévoués à ceux qu'ils servent sans s'oublier eux-mêmes, les services qu'ils rendent, et l'à-propos qu'ils y savent mettre, ne tardent guère à les tirer du vulgaire. Ne leur demandez pas d'être scrupuleux sur les procédés qu'ils emploient ; ils voient le but et s'inquiètent médiocrement du chemin qui y mène ; ils s'arrêtent moins encore aux difficultés, qu'aux moyens d'en triompher. Combien, sous l'ancienne monarchie, ont ainsi fait fortune, mais Gourville, non content de jouer son rôle, s'est, en plus, donné le plaisir de raconter comment il l'a rempli. Parlant bien, écrivant mieux, il a su se faire écouter de son vivant, et garder, après sa mort, l'oreille de la postérité.

Gilles Renard, moins habile et moins avisé, est depuis longtemps oublié, et pourtant il eut, lui aussi, son heure, nous pourrions dire, ses années de célébrité. Il naquit, après 1591, à Bessé-sur-Braye (1), gros bourg de la

(1) Dans le contrat de fondation du couvent de Camaldules, dont il sera fait plus loin mention, Gilles Renard nomme Bessé, « son pays natal ».

province du Maine, où la famille de Souvré possédait le château de Courtenvau. Son père, Jehan Renard, bourgeois de Bessé, dut vraisemblablement au patronage du maréchal de Souvré, de sortir de sa province et de devenir huissier,

Dans ce même contrat, il cède aux religieux, « led. lieu nommé la Gavolerie sis en la paroisse dud. Bessé... avecq les bastiments et terres qui en dépendent, suivant et ainsy que le tout est advenu et escheu aud. s^r Renard, par le partage fait entre luy et damoiselle Françoise Renard, sa sœur, des successions de leurs défunts père et mère... ». Nous avons retrouvé sur un registre de l'état civil de Bessé, l'acte de baptême de Françoise Renard ; nous l'insérons ici : « Le vingt-troisiesme jour de décembre, l'an mil cinq cent quatre vingt et unze, fut baptizée Franczoize, fille de Me Jehan Regnard et de Jehanne Lezange sa femme. Fut parain honorable homme Gacian Peren, seigneur des Bruisilleryes ? et fermier de Courtanvau ; furent maraines honorables femmes, Marie Rousseau espouze de Me Pierre Crosneau, bailly de Bonneval et Vanczay, et Charlotte, épouse de mons^r Barillau, procureur de Savigny ». Avant Françoise, avaient été baptisés également à Bessé, François, le 24 novembre 1580, Jehan, le 11 février 1584, Jacques, le 1er mai 1585, Charlotte, le 27 juin 1586 ; Marie et Jacqueline, sœurs jumelles, furent baptisées le 9 février 1593. Dans tous ces actes le nom de la mère est orthographié « Louzange ». Jehan Regnard eut encore un autre fils, Louis, parrain le 17 juin 1614, de Jehanne Henryau ; il est ainsi désigné : « Louys, fils de Me Jehan Renard fourier du Roy nostre Sire ». Françoise Renard, le 23 mai 1647, épousa Léonard Cauin. Voici l'acte qui le constate. « Le vingtroisiesme jour de may mil six cent quarante sept, noble homme Léonard Cauin s^r d'Escluseaux, paroisse de St Germain l'auxerrois de Paris, a espousé en l'église de Bessé, Françoise Renard fille de deffunct noble homme Jehan Renard, en son vivant fourier des logis du Roy et de défuncte Jehanne Louzange, ses père et mère, de lad. paroisse de Bessé, après qu'à nous curé soussigné il est apparu du certificat de la proclamation des bans du mariage à futur des susnommés, faicte en l'église de St Germain l'auxerrois à Paris, led. certificat daté du vingtiesme du présent mois et an, signé, Barbier, vicaire en lad. église de St Germain, et encores de la dispense octroyée auxd. Cauin et Renard pour la publication du second et du 3e ban par monsieur des Chappelles, grand vicaire de Monseigneur du Mans, signée de luy et Lallier secrétaire, scelée et datée des 13e des présens mois et an ; puis lesdicts conioncts par mariage ont receu la bénédiction nuptiale de Me Pierre Sédilleau notre vicaire en la présence de Me René Lemoine s^r de la Toucherie, pb^{re}, de noble homme Me Anthoine Gasselin, bailly du marquisat de Courtanvau, conseiller et maistre des Requestes de la Royne, receveur dud. Courtanvau, d'honorable homme Me François Courtin, s^t de Beauray et de plusieurs autres. Foreau ». État civil de Bessé-sur-Braye.

puis fourrier de Louis XIII. Ce fut probablement l'appui du même protecteur, qui valut à un autre membre de la famille, François Renard, les fonctions de chirurgien-barbier du roi (1). Il arriva tout naturellement qu'après avoir placé le père à la cour, le maréchal prit le fils à son service, et voilà comment Gilles Renard devint le valet de chambre du commandeur de Souvré (2) dont il porta la livrée. Gourville avait bien porté la casaque rouge, chez M. de la Rochefoucauld.

On pouvait alors, surtout chez un grand seigneur, être de la domesticité, et, malgré cela, ne point occuper l'une de ces situations inférieures auxquelles semblent condamnés nos modernes salariés. En tout cas, si l'on avait de l'entregent, on se plaçait vite hors cadres. Gilles Renard ne s'attarda guère aux emplois subalternes, et, tout en conservant les bonnes grâces de son premier maître, il le quitta pour passer au service du roi. Nous le trouvons en 1630, commissaire ordinaire des guerres à la conduite et police du régiment des gardes (3). C'était faire rapidement son chemin ; encore n'était-il qu'à moitié de la route. Ayant su gagner les bonnes grâces de Louis XIII, il obtint, de ce prince, la cession d'un terrain vague, d'une contenance d'environ quatre arpents, situé à l'extrémité du jardin des Tuileries. L'emplacement n'était qu' « un grand désert en friche qu'on appelait la garenne

---

(1) Le 7 juin 1612, baptême de Renée Brethon, parrain « honorable homme François Renard, barbier chirurgien du Roy ». État civil de Bessé. Cf. sur François Renard : *Journal de Jean Héroard*, publié par Eud. Soulié et Ed. de Barthélemy.

(2) D'après une note de Vigneul-Marville, *Mélanges d'histoire et de littérature,* T. III, p. 326-328, note qui nous semble avoir été extraite des Mémoires de Guy Joly, Gilles Renard aurait été d'abord laquais, puis valet de chambre d'Augustin Potier, évêque de Beauvais, grand-aumônier de la reine Anne d'Autriche. Hurtaut et Magny, *Dictionnaire historique de Paris*, t. III, p. 727, étaient plus exactement renseignés et ne se sont pas mépris sur le point de départ de la haute fortune de Renard.

(3) Dans les *Lettres, instructions diplomatiques et papiers d'état* du cardinal de Richelieu, publiés par M. Avenel, t. VI, p. 189, il est fait mention, à la date du 22 septembre 1638, du commissaire Renard.

aux lapins et où avait été bâti le chenil du roi (1) ». Sur le plan de Gomboust, il s'étend de la muraille qui ferme le jardin des Tuileries, jusqu'à l'extrémité du bastion limité par le fossé de la Porte-Neuve, et du chemin qui longe la Seine, à l'enclos où étaient renfermées les bêtes sauvages, réunies pour l'amusement du prince. Le concessionnaire prit l'engagement d'y « dresser un jardin pour le remplir de toutes sortes de fleurs les plus rares et exquises qui se pourront trouver dedans et dehors le royaume (2) ». On l'autorisa en outre à y faire construire « tel bâtiment qu'il advisera pour s'y loger », et dont la jouissance lui fut assurée, sa vie durant.

Renard se mit immédiatement à l'œuvre. Trois ans suffirent pour mener l'entreprise à bonne fin, et le roi, le 31 août 1633, lui rendait publiquement ce témoignage qu'il avait « effectué ses promesses avec grands soins et despenses (3) ». On l'en récompensa, en le nommant concierge du nouveau jardin.

A cette première concession, la reine régente ajouta, en 1645, la jouissance d'une bande de terre qui restait inculte, entre le jardin des Tuileries et celui de Renard ; puis, en 1647, on lui fit abandon d'un fossé situé entre la porte de la Conférence, et celle de Saint-Honoré (4).

En utilisant tous ces terrains déserts, Gilles Renard créa l'une des plus agréables résidences de la capitale. Le Bernin qui, à son voyage en France, en 1665, la visita, trouvait surtout la terrasse fort belle et ajoutait que « c'était la plus belle situation qui fût à Paris (5) ». Sauval qui vit cet établissement dans toute sa beauté, nous le décrit ainsi : « Il consiste en un grand parterre bordé, le long des murailles de la ville, de deux longues terrasses couvertes d'arbres et

(1) Cf. Sauval, *Histoire et recherches des antiquités de la ville de Paris*, cité dans *Paris à travers les âges*, in-f°, chez Didot.
(2) Cf. le texte du brevet dans le *Catalogue de l'œuvre d'Isaac Silvestre*, publié par M. Faucheux, Paris, Vve Renouard, 1857, in-8.
(3) Cf. *Catalogue de l'œuvre d'Isaac Silvestre*.
(4) Cf. *Catalogue de l'œuvre d'Isaac Silvestre*.
(5) Cf. *Journal de voyage du cavalier Bernin en France*, par M. de Chantelou, publié par Ludovic Lalanne, 1885, in-8, p. 179, 180.

élevées d'un commandement plus que le chemin des rondes, d'où l'on découvre une bonne partie de Paris, les tours et retours que fait la Seine dans une vaste campagne, et de plus tout ce qui se passe dans le Cours (le cours la Reine) ».

On aimerait à connaître les noms des jardiniers qui aidèrent à cette transformation ; l'un d'eux, Guillaumet, laissa des enfants auxquels Gilles Renard s'intéressa (1).

La demeure qu'il s'était fait construire, était digne du cadre où elle était placée. « Galamment ornée », nous dit le Bernin, elle était remplie de ces objets de prix que recherchaient avec tant d'ardeur les collectionneurs du temps, les Tribou, les Jabach, les Fréart de Chantelou, et qu'ils disputaient au cardinal Mazarin lui-même. Sièges recouverts de soie, tentures, tapisseries des Flandres, buffets garnis d'argenterie, tableaux rares, meublaient les appartements. Un peintre, né à Châteaudun, Nicolas Chaperon, le gros Chaperon, disait le Poussin, avait passé plusieurs années à Rome, aux frais de Renard. L'artiste, dès 1643, accusait Fréart de Chantelou de l'avoir desservi près de son protecteur. Mais ces insinuations, fondées ou non, — elle ne nous sont connues que par une lettre du Poussin, — ne nuisirent en rien au protégé, car, en juillet 1647, le Poussin écrivait de Rome à son même correspondant : « Le gros Chaperon est de retour dans cette ville, il y vit une seconde fois aux dépens du bon M. Renard (2) ». Puis, un peu plus tard, le 3 novembre, de plus en plus irrité contre le peintre qui, après avoir achevé pour M. de Chantelou une copie de la Transfiguration de Raphaël, ne se pressait pas de la lui envoyer, il reprenait de plus belle : « Ce sont là des tours de ce gros bouffi de Chaperon, qui à la fin trompera le pauvre Renard, lequel est aussi simple qu'un oison (3) ».

(1) Voir plus loin, le testament de Gilles Renard.
(2) Cf. *Lettres de Nicolas Poussin*, publiées par Quatremère de Quincy.
(3) Cf. *Lettres de Nicolas Poussin*, publiées par Quatremère de Quincy.

Cette simplicité, où l'on ne peut voir qu'une bonté indulgente, devait être bien connue, car on lit dans l'Abécédaire de P.-J. Mariette que « le s^r Renard était alors l'homme à qui les artistes s'adressoient le plus volontiers pour avoir de la protection (1) ».

Chaperon démentit les prévisions du Poussin ; il ne fut pas ingrat. Quand, en 1649, il publia à Rome, la série de gravures qui reproduit les scènes d'histoire de l'Ancien Testament peintes par Raphaël dans les loges du Vatican, il la fit paraître sous les auspices de Renard. Celui-ci avait réuni dans une salle de sa maison, toutes les copies des tableaux que l'artiste avait exécutées à son intention, et parmi lesquelles nous croyons devoir placer celles des loges de Raphaël qui fixèrent l'attention du Bernin (2). Mais, d'après ce dernier encore, le joyau de la collection était ce tableau d'Icare, de Jules Romain qui fut légué au marquis de Louvois, et que le peintre italien considéra attentivement, encore que, disait-il, il fût trop mal éclairé pour en discerner toute la valeur (3).

Bien qu'il ne soit pas mentionné dans son testament, il est probable qu'un tableau à la détrempe du Corrège, figurait dans la même galerie. Du moins, Antoine de Bordeaux, ambassadeur de France en Angleterre, mandait-il, le 27 octobre 1653, au cardinal Mazarin, qu'un marchand, nommé Oudancourt, de la connaissance du sieur Renard, l'avait acquis à la vente du roi Charles Ier (4).

Ce ne serait pas au reste le seul objet dont, à ces mêmes enchères, Gilles Renard se serait rendu acquéreur. Il enleva en effet au cardinal Mazarin qui la convoitait, sans y vouloir mettre le prix, la tapisserie de Méléagre, d'après les cartons

---

(1) Cf. *Abécédaire* de P.-J. Mariette publié par Ph. de Chennevières et A. de Montaiglon.
(2) Cf. *Journal de voyage du cavalier Bernin en France*, par M. de Chantelou, publié par Ludovic Lalanne, 1885, p. 179, 180.
(3) Cf. *Journal de voyage du cavalier Bernin en France*, par M. de Chantelou, publié par Ludovic Lalanne, 1885, p. 179, 180.
(4) Cf. Cosnac. *Souvenirs du règne de Louis XIV*, t. VI, p. 270.

d'Holbein (1). Le cardinal ne lui en garda pas rancune, et lui prêta un autre morceau « la Caducité du Temps », pour tendre une des pièces de son pavillon (2). On y voyait aussi « les Triomphes de Bacchus » en sept pièces, trois pièces de l'histoire de Loth, une série de tapisseries représentant les faits de l'ancien et du nouveau Testament d'après Raphaël.

Le possesseur de ces trésors ne les gardait point en jaloux. Il aimait à faire les honneurs de ses jardins qui devinrent bientôt un lieu de rendez-vous, pour la plus haute société. La reine-mère Anne d'Autriche, aux premiers jours de sa régence, y passait volontiers, pendant l'été, ses après-midi ; elle y allait prendre sa part des collations que lui offraient ses dames d'honneur.

Un jour, raconte en ses Mémoires Mlle de Montpensier, la reine y ayant conduit Mme de Longueville, en l'assurant qu'elle n'y rencontrerait pas Mme de Montbazon, avec laquelle elle était au plus mal, celle-ci ne laissa pas de faire les honneurs du repas, que ce soir-là, Mme de Chevreuse sa belle-fille avait organisé. Vainement la reine la fit prier de prétexter une indisposition pour expliquer et motiver son absence ; madame de Montbazon ne voulut point s'en aller ; l'affaire fut longtemps agitée, et le succès ne fut pas bon pour ceux qui avaient appétit. Après deux ou trois heures d'allées et venues d'un parti à l'autre, l'on conclut seulement de se séparer sans faire collation. Le lendemain, Mme de de Montbazon reçut ordre du roi, de se retirer dans l'une de ses terres.

Pour répondre à la bienveillance que la reine lui témoignait, Renard, d'après Vigneul-Marville, aurait, chaque matin, fait porter au Louvre des bouquets de fleurs cultivées dans son jardin. Anne d'Autriche qui les aimait avec passion, à l'exception des roses qu'elle ne pouvait souffrir

---

(1) Cf. Cosnac. *Souvenirs du règne de Louis XIV* t. VI, p. 288, 289 ; et *Lettres du cardinal Mazarin*, publiées par M. Chéruel, t. VI, p. 131.

(2) Cf. Cosnac. *Souvenirs du règne de Louis XIV*, t. VI, p. 288, 289.

même en peinture, laissait voir tout le plaisir que lui causait cette attention délicate. L'habile jardinier, jaloux de conserver le souvenir du bon accueil dont ses envois étaient l'objet, s'était fait représenter dans un tableau sous la figure d'un jeune homme présentant « une corbeille de fleurs à la Fortune comme pour l'arrêter et tâcher de tirer d'elle quelqu'une de ses faveurs. La déesse paraissait le regarder de bon œil, et en effet, elle tendait la main pour prendre le bouquet, et laissait en même temps tomber une pluie d'or dans le sein de ce jeune homme. Tout cela, ajoute Vigneul-Marville, était un emblème qui faisait entendre aux moins intelligents comme Renard avait fait fortune ».

Pendant la Fronde, ses jardins devinrent un champ clos où se provoquaient frondeurs et royalistes. En 1649, la cour devait se rendre de Compiègne à Amiens. Avant d'aller l'y rejoindre, quelques seigneurs parmi lesquels le duc de Candale, le commandeur de Souvré, Manicamp, Ruvigni, Jarzé, le commandeur de Jars, et plusieurs autres, voulurent aller à Paris faire une petite course. Comme ils prenaient congé de la Reine, Jarzé, le moins sage de tous les hommes, lui dit en souriant, qu'ils allaient bien soutenir leur parti. La Reine lui répondit, parlant aussi à tous les autres : « Ah, mon Dieu, soyez tous bien sages, et vous ferez bien ». Étant donc à Paris, ils se rencontrèrent, les deux partis ensemble, un soir dans les Tuileries. La troupe des gens de la cour étant dans la grande allée, ils virent le duc de Beaufort qui venait vers eux, accompagné du duc de Retz et d'un bon nombre de conseillers frondeurs. Soit que le duc de Beaufort voulût éviter de rencontrer de front tant de ces mazarins, soit que cela arrivât sans dessein, quoi qu'il en soit, comme il approcha d'eux, il prit un jeune conseiller, et, au lieu d'aller droit par cette allée, il se détourna pour en prendre une petite, témoignant de vouloir entretenir en particulier celui qu'il avoit obligé de le suivre. Jarzé, d'humeur incompatible avec le bon sens, voulant s'acquérir quelque mérite auprès du ministre, fit des railleries du duc de Beaufort, disant que le champ de bataille leur étoit demeuré, que ce brave prince avoit évité leur rencontre, et que les frondeurs n'avoient osé paroître devant les mazarins. Au sortir des Tuileries, il alla visiter les dames : il conta dans les ruelles cette aventure dans les mêmes termes, et, le lendemain, il en fit des plaisanteries à ceux qui les voulurent entendre. Aussitôt que le duc de Beaufort en fut averti, au lieu de délibérer à ce qu'il étoit bon et à propos de faire, il se résolut brusquement de s'en venger, et le fit d'une manière assez bizarre. Nos courtisans qui ne pensoient qu'à jouir de la vie et de ses douceurs, et Jarzé qui ne pensoit pas avoir trouvé de si bons échos, proposèrent en même temps d'aller souper sur la terrasse du jardin de Renard, et payèrent chacun deux pistoles pour leur repas... »

L'heure du souper étant venue, le duc de Candale et toute la compagnie, au nombre de douze personnes, se rendirent au jardin avec intention de se réjouir et de faire bonne chère... Ils étoient encore au premier service, lorsque le duc de Beaufort arriva dans le jardin, suivi du maréchal de la Motte, du duc de Brissac, du comte de Fiesque, de Duras et de beaucoup d'autres personnes de marque, avec quantité de gentilshommes à lui ; il y avoit aussi des pages et des laquais en quantité. Ces derniers avoient des épées et des pistolets et les personnes de qualité n'en avoient point. Ceux qui soupoient, voyant cet appareil, jugèrent aussitôt qu'ils étoient destinés à un autre divertissement qu'à celui de faire bonne chère ; mais, ne pouvant s'empêcher de danser, il fallut attendre pour voir sur quelle cadence on les réjouirait. Ils firent donc semblant de ne penser à rien, et, se laissant approcher du duc de Beaufort, lui et toute sa compagnie environnèrent la table. Il les salua avec un peu de trouble sur son visage, et son salut fut reçu avec civilité de ceux qui étoient assis : il y eut même quelques-uns d'entre eux, dont furent Ruvigni et le commandeur de Jars, qui se soulevèrent en le saluant, pour lui rendre plus de respect. Ce prince dont la mine étoit haute et fière, leur dit : Messieurs, vous soupez de bonne heure. Ils répondirent peu de paroles, toujours en posture civile, afin de finir une conversation qu'ils ne jugeoient pas leur devoir être commode. Le duc de Beaufort, la continuant malgré eux, demanda s'ils avoient des violons. Eux lui dirent que non, et lui en même temps leur repartit qu'il en étoit fâché, parce qu'il avoit l'intention de les leur ôter, et continua, disant qu'il y avoit des gens en leur compagnie, qui se mêloient de parler de lui, et qu'il étoit venu pour les en faire repentir ; et, prenant la nappe, il la tira rudement par le coin et renversa les plats, dont quelques-uns de la compagnie, de ceux qui prétendoient les vider, furent salis. Aussitôt après cette action, tous se levèrent, et tous demandèrent leurs épées (1) ».

On eut toutes les peines du monde à séparer les deux partis. M. de Candale qui se montrait plus particulièrement irrité contre le duc de Beaufort, fut emmené hors de Paris, par son oncle, Mr de Metz.

Tout alors était prétexte à chansons, aussi Blot, le chansonnier, saisissant l'à-propos, composait ce triolet :

> Il deviendra grand potentat
> Par ses actions mémorables,
> Ce grand duc dont on fait tant d'état.
> Il deviendra grand potentat,
> S'il sait renverser notre état,
> Comme il sait renverser la table (2).

(1) Mémoires de Mme de Motteville. Cf. Cosnac. *Souvenirs du règne de Louis XIV*, t. II, p. 396. Lettre de Marigny à Lenet, à la date du 12 juillet 1652, et Loret, *Muse historique*, L. II, lettre 6e. Voir également dans la *Nouvelle collection des Mémoires*, publiée par Michaud et Poujoulat, T. XXV, p. 165, *Vie du cardinal de Rais* ; T. XXVI, p. 23, *Mémoires de Guy Joly* ; T. XXVIII, p. 57, *Mémoires de Mlle de Montpensier* ; T. XXIX, p. 431, *Mémoires de la Rochefoucauld* ; T. XXX, p. 359, *Mémoires d'Omer Talon*.

(2) Chanson citée par M. Victor Fournel dans son opuscule : *Du rôle des coups de bâton*, p. 127.

On s'est autorisé de ces différents épisodes, pour ne voir en Renard qu'un maître d'hôtel d'humeur facile, de mœurs légères ; il était plus et mieux. Ce n'est point avec un tel personnage que Mme de Sablé eût voulu entretenir une correspondance dont le docteur Vallant, leur ami commun, nous a conservé quelques débris. La première lettre (1) que nous ayons à citer, nous reporte à cette période de la vie de Louis XIII, où le roi semblait réserver ses faveurs à Mlle de Hautefort, et la marquise reproche aimablement à Renard de la délaisser pour la favorite du prince. « J'accuse maintenant, lui écrivait-elle, plutôt les soins que vous avez de votre mignonne Hautefort que notre ancienne brouillerie, de me causer votre oubli duquel je me plains encore davantage et vous en eusse desjà témoigné mon ressentiment, sans que je voulois dire au même temps que je me coiffe tous les jours à boucle et ne pers pas un jour du Cours. J'espère que si je me conserve en l'état ou je suis, vous ne me serez pas si cruel, quoique je mesle à tout cela les prestres, les médecins et les moines. Je vous prie par l'amitié passée de m'écrire,

Cette équipée provoqua l'apparition des *mazarinades* dont les titres suivent, et que nous citons d'après la *Bibliographie des Mazarinades*, par C. Moreau.

1° Le branle mazarin dansé au souper de quelques-uns de ce parti-là chez M. Renard où M. de Beaufort donna le bal, 1649, Paris, 8 pages.

2° Le combat généreux de Mgr le duc de Beaufort pour l'honneur du Roi et de Messieurs de Paris, Paris, 1649, 6 pages.

3° La déroute des cabalistes au jardin de Renard, (S. L.) 1649, 8 pages.

4° Le grand Gersay battu ou la canne de monsieur de Beaufort au jardin de Renard aux Thuileries, en vers burlesques. Paris, 1649, 15 pages.

5° La nappe renversée chez Renard, en vers burlesques, Paris 1649, 8 pages.

6° Relation de ce qui s'est passé aux Thuilleries entre Monseigneur le duc de Beaufort et autres seigneurs (S. L.) 1649, 4 pages.

7° La soupe frondée, (S. L.) 1649, 8 pages.

(1) M. Cousin (*Madame de Sablé*, appendice VIe), a le premier publié ces lettres ; il ne s'est point assujéti à reproduire exactement, nous ne dirons pas, l'orthographe de la marquise, elle était trop fantaisiste, mais le texte même de cette correspondance. Nous le donnons ici tel que le présentent les documents originaux.

mais non pour me mander des nouvelles de l'amour du Roi ; car encore que je sais ce qui s'en peut savoir, j'en crois si peu que je le nie tout-à-fait, ou ne lui donne pas un plus long terme que sa première confession. Je me réjouis pourtant que cela ait valu une pension à Mme de la Flotte, et je vous dirois que je trouve la beauté de la petite cousine digne de ce miracle, si je n'étois fachée de sentir que vous l'aimez mieux que moi à cette heure ».

Plus tard, le commandeur de Souvré ayant perdu les bonnes grâces du roi, sa sœur s'en montra très affectée. Elle s'en ouvrait à Renard : « Les paroles étant si fort au-dessous du déplaisir que j'ai de la disgrâce de mon frère, il seroit inutile d'en employer pour vous l'exprimer. Néanmoins il faut que je dise pour m'en soulager, que l'injustice du siècle mérite une punition du ciel, et que je ne suis point assez vertueuse pour m'empêcher de le désirer, étant la seule satisfaction que je puisse prendre en ce fâcheux accident. Car quoique j'aie comme vous le don de la prévoyance, je n'ai pas celui de la résolution, de sorte que je vois toujours les maux de loin pour les craindre et non pas pour m'y préparer. Une lettre que je vous ai écrite huit jours devant que vous n'ayez appris la nouvelle du retranchement des quatre mille écus, vous a pu donner une preuve que mes songes ne sont que trop véritables, puisqu'ils m'avoient représenté mon frère sortant du cabinet du Roi, dépouillé jusqu'à la chemise. Mais tout cela ne m'empêche point que l'exemple de ceux avec lesquels je vis, ne me fasse encore flatter d'une légère espérance que si vous avez pris la voie de M. le Cardinal pour nous raccommoder, il ne soit peut-être bien aise de se faire un ami assuré en remettant mon frère en son premier état... »

Encouragé par cette familiarité bienveillante, l'ancien valet de chambre du commandeur prenait la liberté d'envoyer les fruits de son jardin à Mme de Sablé. Il faut voir comme on l'en remercie. « J'ai toujours une grande honte quand on me veut donner quelque chose, et elle devient bien plus grande quand je suis forcée de prendre ce qu'on me donne. Cependant je n'en ai point de recevoir le présent que vous avez la bonté de me faire, parce que je le regarde comme une véritable marque de vostre amitié et de vostre tendresse pour moi, et ainsi j'aurois cru vous offenser de le refuser. Je vous assure qu'encore que j'y considère tout ce qui est de beau, d'exquis et d'utile, j'y sens bien davantage le mouvement de votre cœur qui s'est appliqué à remarquer que je donne quelquefois à dîner à des gens de respect avec des nappes rapiècées. Mais vous qui êtes aussi économe dans le besoin que magnifique dans l'abondance, comment avez-vous pu me donner une facilité à ne pas refuser ces sortes de gens qui sont si friands de mes potages. Je n'entreprends pas de vous remercier, car quelles paroles pourroient exprimer ce que je sens et ce que je dois sentir pour vous... »

La marquise n'était pas la seule personne de sa famille à s'intéresser à Gilles Renard. Éléonore de Souvré, abbesse de Saint-Amand, à Rouen, nièce de Mme de Sablé, lui écrivait, en mars 1665 : « Le bonhomme Renard ne me semble pas bien, et en vivant à sa mode, je crains bien qu'il ne nous prive d'un bon ami » (1).

Ces craintes étaient vaines, ou du moins prématurées, car celui qui les faisait naître, ne devait mourir que cinq ans plus tard.

Ce parvenu, pour qui les dames montraient tant de

---

(1) Cf. Cousin, *Madame de Sablé*, appendice XIX. Voici une lettre de l'abbesse de Saint-Amand, où il est question de Renard.

« Je ne vous diré qu'un petit mot ma chère tante, car nous partons pour aller dîner chez M. Renard, mais je vous manderay demain ce qui s'y sera passé et quand nous pourrons avoir l'honneur de vous voir. Le Roy permit hier à M. de Louvoy d'exercer la charge de Monsieur son père, de sorte que le voylà secrétaire d'Estat. Je vous envoye des manches, si c'est de cette sorte que vous disiez, j'en ferai venir de Rouen. Adieu ma tante. » Lettre écrite en 1666 par Eléonore de Souvré, abbesse de Saint-Amand à Rouen, à Mme de Sablé, publiée par M. Edouard de Barthélemy dans *Les Amis de la marquise de Sablé*, p. 289.

sollicitude, ne reniait pas son humble origine, et n'oubliait pas son pays natal. Il y possédait toujours un corps de logis (1), situé dans le bourg, plus une petite métairie, nommée la Gavolerie, et qui en est éloignée d'un kilomètre environ. Ce fut en cet endroit que, désireux « d'adresser ses bonnes intentions et charités envers le lieu de Bessé son pays natal », il y voulut fonder, sous le patronage de saint Gilles, un couvent de Camaldules. Le 30 décembre 1659, par contrat passé devant Adam Sadot et Jacques Plastrier, notaires au châtelet de Paris, il s'engagea vis-à-vis des pères Louis de Bordeaux et Ange de Saint-Herme, régulièrement constitués mandataires de leur ordre, à leur céder « ledit lieu nommé la Gavolerie sis en la paroisse dud. Bessé, diocèze du Mans, avec les bâtiments et terres qui en dépendent ». Ces terres lui étaient échues « par le partage fait entre lui et damoiselle Françoise Renard, sa sœur, des successions de leurs défunts père et mère ». Il promit en outre de leur verser une somme de 7,500 livres, dont 4,500 devaient servir à édifier une chapelle, et le surplus, être employé à la construction des cellules de six religieux. Pour leur assurer des moyens d'existence, il leur fit abandon d'une rente de 1,000 l. à prendre sur 1,600 l. d'une rente perpétuelle assise sur les gabelles. Les Camaldules s'obligèrent en retour, à « assister d'exercices spirituels comme de confession ou autrement les habitants de Bessé et des environs... plus à dire et célébrer par chacune sepmaine deux messes perpétuelles les jours de lundy et vendredy, tant pour le repos de l'âme dudit seigneur fondateur, que de ses défunts père et mère, parents et amis décédés (2) ».

(1) Ce logis est mentionné dans un marché passé, le 22 avril 1691, entre l'assemblée générale des habitants de Bessé et René Goulet, maçon et maitre paveur, marché par lequel ce dernier s'engage à paver un espace déterminé des rues du bourg. Pour l'exécution de ce travail, Gilles Renard avait légué une somme de 400¹. (Arch. du château de Courtenvau, titre papier.)

(2) Cf. L. Froger. *Les Camaldules au Maine*, Mamers, in-8 p. 5.

Les compatriotes de Gilles Renard, consultés sur l'utilité de cette fondation, déclaraient, le 16 février 1660, en « estre fort contents et satisfaits (1) ».

Pressé de jouir de son œuvre, le fondateur autorisa les religieux à recevoir une somme de mille livres, sur une rente que lui devait l'abbé de Saint-Calais. Les travaux aussitôt entrepris et conduits par un camaldule picard, le P. Ange Martinet, étaient fort avancés en 1676, car des lettres-patentes, délivrées à cette date par Louis XIV, témoignent que les religieux avaient déjà « fait bâtir l'église, les cellules et les deux costez de l'enclos, en sorte qu'il ne restoit plus qu'un mur à faire pour ledit clos (2) ».

La chapelle était du reste achevée dès 1670. Cette même année, le 13 avril, Gilles Renard était décédé (3). Quelques mois auparavant, le 28 décembre 1669, il avait mandé Me Ogier, notaire au chastelet et lui avait dicté son testament, auquel il ajouta un codicille, le 13 mars suivant.

Ces deux documents, par le détail des legs qui y sont inscrits, par le nom des personnages auxquels le testateur laissait un dernier souvenir, nous permettent de reconnaître où se portaient ses affections et son estime. Il témoigne d'abord vouloir rendre « grâces à Dieu de toutes celles qu'il a receues de luy, principalement de l'avoir faict naistre chrestien, luy demandant humblement pardon de tous les manquements qu'il a faicts en cette qualité ». Puis après avoir recommandé à ses exécuteurs testamentaires d'ordonner sa sépulture, « le jour de son déceds, le soir aux flambeaux avec la moindre cérémonie et despense que faire ce pourra »; il se préoccupe tout d'abord des pauvres, de ceux de la pa-

(1) Cf. L. Froger. *Les Camaldules au Maine*, Mamers. in-8 p. 6.
(2) *Id*. p. 13.
(3) « Du dimanche 13 avril 1670, fut inhumé Gilles Renard, escuyer, conseiller du Roy, commissaire à la suite du régiment des gardes et de la compagnie des gendarmes de Sa Majesté ». Extrait des registres mortuaires de l'église de Saint-Germain-l'Auxerrois. (Arch. de la fabrique de Bessé.)

roisse Saint-Germain-l'Auxerrois sur laquelle il réside à Paris, et auxquels il donne 300 livres, de ceux de Bessé auxquels il en laisse cinq cents. Ses bienfaiteurs viennent ensuite, et en première ligne, les membres de la famille de Souvré. Il lègue à la marquise de Sablé, née Madeleine de Souvré, « une douzaine de platz, deux douzaines d'assiettes, un bassin en auvalle, deux esguierres, un vinegrier, un sucrier, le tout d'argent, et dix-neuf cent quarante livres » ; à son frère le grand prieur, plus souvent appelé le commandeur « huict sièges de satin blanc, en broderye de fleurs, nuée de soye » ; à leur nièce, Éléonore de Souvré, abbesse de Saint-Amand, à Rouen, « une couverture de thoille piquée blanche en broderye de bouquetz de soye torce pour faire une chasuble et un devant d'autel ». Ses libéralités s'étendent jusqu'à la domesticité de cette maison. La fille de M. d'Aumecq, maître d'hôtel du grand prieur, et son médecin, M. Vallant, reçoivent l'un et l'autre la somme de mille livres. Le marquis de Louvois ayant épousé Anne de Souvré, devient pour ce motif, l'objet des attentions de Renard, qui lui laisse « sa tappisserye des triomfes de Bacus contenant sept pièces, son tableau de Julles Romain représentant l'histoire d'Icare et toutes les copies de Chaperon quy sont dans sa salle basse ». Au fils aîné du ministre, qui doit hériter de Courtenvau, il lègue son « office de commissaire à la conduitte et police de la compagnie des gens d'armes servant à la garde de la personne du Roy, à condition que les deniers qui en proviendront seront employés par le dict seigneur marquis de Louvoy en acquisitions de terres et domaines qui seront joincts et unis aud. marquisat de Courtanvault, en considération de l'affection qu'il a toujours eüe pour la maison de Souvré, d'où vient le marquisat ». La « mignonne Hautefort », devenue la maréchale de Schomberg, n'est pas oubliée. Il lui attribue « un petit lict en broderye fond blanc, et un tapy de thoille de coton avecq petitz arrière poinctz de soye, semé de bouquets, brodé de broderye et cordonnets de soye avecq de l'or ».

Un collectionneur célèbre du temps, Paul Fréart de Chanteloup avec lequel nous l'avons vu en relation, reçoit « un tapy de perse fond or et argent qui se trouvera dans ses meubles, ensemble dix sièges de velours de la Chine servant à mettre autour d'une table, et un petit ameublement de velour de la Chine concistant en deux fauteuils, six sièges ployants ».

D'autres amis moins connus, et parmi eux, un habitant de Bessé, m^{tre} Gasselin, lieutenant des eaux et forêts du Maine, quelques artistes peut-être, les enfants assez nombreux qu'il avait consenti à tenir sur les fonts baptismaux, ses domestiques enfin, éprouvent les effets de sa générosité.

Elle se manifesta plus particulièrement à l'égard des Camaldules de Saint-Gilles de Bessé. Ils eurent à recueillir sur sa succession des sommes d'argent assez importantes, et des objets d'art destinés à orner leur chapelle.

Gilles Renard avait choisi pour exécuteurs testamentaires, l'abbé Croze, aumônier des religieuses du couvent de l'Assomption, et Gilles Chevalier, commissaire examinateur au châtelet de Paris ; mais c'est principalement sur ce dernier que retomba la charge de veiller à l'exécution des volontés suprêmes du testateur. Celui-ci avait, de son vivant, fait préparer par un sculpteur, Louis-François Malœuvre, dont l'atelier était établi à Paris, un mausolée reproduisant le célèbre groupe des trois Grâces, sculpté par Germain Pilon, et que l'on admirait dans l'église des Célestins de Paris. Il se proposait de le faire placer dans la chapelle du couvent fondé par lui, dans son pays natal. Tant qu'il avait vécu, les Camaldules, craignant sans doute de s'aliéner leur bienfaiteur, avaient fermé les yeux sur le caractère païen de cette œuvre, mais quand il fut mort, se croyant tenus à moins de réserve, les religieux se refusèrent à recevoir le monument dans leur église. Il y fut cependant introduit ; on l'érigea dans une absidiole où s'élevait un autel consacré à sainte

Madeleine (1). Deux inscriptions furent placées, qui conservèrent le souvenir de cette érection. Nous les reproduisons ici l'une et l'autre. La première disparut à la Révolution quand le monastère fut détruit ; nous en avons retrouvé une copie dans les notes manuscrites d'un curé de Cellé, M. l'abbé Ploux, ami des derniers religieux ; elle est ainsi conçue :

Ce mausolée a été mis en cette place le xxv° jour de septembre 1670. Fait par moi Fr.-L. Malœuvre d'Abbeville.

Voici le texte de la seconde :

DES 3 GRACES

CE MAVSOLÉE A ESTÉ DRESSÉ
ET MIS EN CETTE PLACE CE JOVR
D'HVY XXVe SEPTEMBRE 1670
A LA MÉMOIRE PERPÉTVELLE
DE DÉFVNCT GILLES RENARD
VIVANT ESCVIER CON^{ER} DV ROY
COMMISSAIRE APPOINTÉ A LA
CONDVITE ET POLICE DV RÉGI-
MENT DES GARDES FRANÇAISES ET
DE LA COMPAGNIE DES GENS
D'ARMES SERVANT A LA GARDES
DE SA MAIESTÉ FONDATEVR DE
CETTE ESGLISE, SVIVANT SON
TESTAMENT ET ORDONNANCE
DE DERNIÈRE VOLONTÉ PAR LES
SOINGS ET EN PRÉSENCE DE
GILLES CHEVALIER SON LÉGATAIRE
VNIVERSELLE QVI EN A FAIT

---

(1) Un siècle plus tard, le 14 août 1767, le mausolée fut enlevé et déposé dans une allée de tilleuls du petit parc des religieux. Le 7 octobre suivant, en l'envoya à Paris où il fut vendu. La rente provenant de la somme obtenue par cette vente, servit à secourir les pauvres de Bessé.

LA DESPENSE ET DES OFFI-
CIERS DE BESSÉ QVI ONT
DRESSÉ PROCÈS VERBAL
LE DIT JOVR

Requiescat in pace

VN DE PROFVNDIS

On peut encore la lire sur une plaque de marbre noir qui a été transportée dans l'église paroissiale de Bessé. C'est, avec un écusson sculpté en relief sur marbre blanc, actuellement encastré dans l'un des murs de la maison bâtie sur l'emplacement de l'ancien couvent, le seul souvenir qui soit resté de la fondation de Gilles Renard. Cet écusson de forme ovale, est surmonté d'un casque de chevalier avec ses lambrequins ; il porte les armoiries parlantes du fondateur : *un renard accroupi, accompagné à senestre d'un amour dont le bras droit tient une couronne sur la tête de l'animal, tandis que sa main gauche tient un arc au repos.* Le tout est entouré de cette devise : « *Cauto victoria cedit amanti* ».

PIÈCE JUSTIFICATIVE

TESTAMENT DE GILLES RENARD (1).

Par devant les nottaires gardenottes du Roy, nostre sire, en son chastelet de Paris, soubzsignéz, fut présent en sa personne Gilles Renard, conseiller du Roy, commissaire appoincté pour la conduitte, et police de la compagnie des gens d'armes de sa Majesté, demeurant à Paris, en sa maison proche la porte de la Conférence, paroisse Sainct-Germain-de-l'Auxerrois, gisant au lict malade en une chambre au deuxiesme estage, deppendant d'un corps de logis sur le derrière, ayant veüe d'un costé sur un jardin, du costé des Thuilleryes, et de l'autre, sur la rivière, le fossé et chemin entre deux. Neantmoings sain d'esprit, mémoire, et jugement ainsy qu'il est apparu ausd. nottaires par ses parolles et entretiens, lequel considérant qu'il n'y a rien de sy certain que la mort, ny rien de sy incertain de l'heure, ne désirant déceder de ce mortel monde sans ordonner de ses affaires, et disposer des biens qu'il a pleu à Dieu luy departir en ce mortel monde, c'est pourquoy il a faict, dicté, nommé de mots après aultres aux dicts nottaires son testament et ordonnance de dernière volonté en la forme, et manière quy en suict. Au nom du Père, du Fils, et du Sainct-Esprit.

Premièrement, il rend grâces à Dieu de toutes celles qu'il a receues de luy, principallement de l'avoir faict naistre crestien, luy demandant humblement pardon de tous les manquements qu'il a faitz en cette qualitté, le suppliant de réparer tous ses deffaultz et de luy pardonner tous ses

---

(1) Copie notariée sur papier.

peschez, qu'il reconnoist et confesse infinis ; prie Monsieur Croze, directeur des dames religieuses du couvent de l'Asomption et monsieur Chevallier, commissaire examinateur au Chastelet de Paris, d'agréer le choix qu'il faict de leur pietté, et charité pour exécutter son présent testament, et ordonnance de dernière volonté, désire qu'ils commencent, s'il leur plaist, de faire prier Dieu pour le repos de son âme, et de faire dire des messes à cette intention devant des autels privillégiéz, et ailleurs, se remettant à eux de la quantité. Pour son corps, désire qu'il soit mis en terre dans le symettière de la parroisse où il demeurera, le jour de son deceds, le soir aux flambeaux, aveq le moindre cérémonnie, et despence que ce pourra.

Item prie les dicts sieurs Croze et Chevallier de faire distribuer aux pauvres de la paroisse où il sera mis en terre la somme de trois cens livres et aux pauvres de la paroisse de Bessé, la somme de cinq cens livres, de plus, quatre cens livres pour les frais funèbres et trois cens livres pour payer les habits de dœuil des trois filles et du coché, qui le servent à raison de soixante-quinze livres pour chacun, le tout se trouvant en deniers comptans destinez pour cet effect.

Item donne et laisse à Madame la marquise de Sablé, une douzaine de platz, deux douzaines d'assiettes, un bassin en auvalle, deux esguierres, un vinegrier, un sucrier, le tout d'argent, et dix-neuf cens quarante livres qui sont deubz au dict sieur Renard par le sieur Bezard par sa promesse.

Item donne et lègue à Madame de Souvré, abbesse de Sainct-Amant, une couverture de thoille picquée blanche en broderye de bouquetz de soye torce pour faire une chasuble et ung devant d'autel, plus déclare qu'il laisse en deniers comptans la somme de cinq cens livres qu'il destine, et sur laquelle il désire qu'il soit pris de quoy payer ce quy pourra estre deubz à ses domestiques pour leurs gaiges. Le surplus sera employé pour faire subsister toutte sa famille en la mesme manière que durant sa vie, afin de donner le temps à ses domestiques de chercher condition, le tout jusques à la concurance du fond des dicts cinq cens livres.

Item donne et lègue aux révérends pères de Camaldeu de Bessé ce quy luy sera deubz lors de son decedz, de sa pention sur l'abbaye de Sainct-Calais, et oultre leur donne, et lègue deux grands bassins ronds, six flambeaux, une sallierre carrée, le tout d'argent, trois pièces de tapisserye de l'histoire de Lot, et une tanture de tappisserye de satin de Bruge fond blanc de croteste en broderye de laine, et une chasuble de gros de Naple blanc en broderye, et une aube pour orner leur esglize.

Item donne, et lègue à mad^{me} de Chantelou, un tapy de perse fond or et argent, quy se trouvera dans ses meubles, ensemble dix sièges de velours de la Chine servant à mettre autour d'une table, et un petit ameublement de velour de la Chine concistant en deux fauteuils, six sièges ployants.

Item donne, et lègue à mons^r Gasselin, lieutenant des eaux et forestz au Maine, soubs le bon plaisir de mons^r le marquis de Louvois, la moityé aud. sieur testateur appartenant dans les offices de controlleur antien alternatif triannal, et quatri-annal, à la résidance de la compagnye des gensdarmes du Roy à condition de payer au dit sieur Croze mil livres, à Blanche l'une des filles quy sert led. sieur testateur la somme de mil livres, à Catherine, sœur de Blanche, quy est aussy à son service, huict cens livres, à Hélaine leur sœur, la somme de cinq cens livres, au Breton, son coché, la somme de six cens livres, auquel de plus il donne et lègue son carosse, et ses deux chevaux, le foin et l'avoine quy ce trouvera lors de son décedz pour les norire ; plus à François Prenant six cens livres, à une fille nommée Louise quy est à son service depuis peu, la somme de trois cens livres ; plus à la fille de mons^r de Fay commissaire des guerres, sa fiolle, la somme de douze cens livres, à la fille de mons^r d'Aumecq sa fiolle, fille du m^{tre} d'hostel de monsieur le grand prieur, la somme de mil livres ; plus à la fille de monsieur Gare taneur à Ponthoise, quy a esté tenue sur les fonds par madame de Landrevy, la somme de six cens livres ; plus à Gilles Roberdet la somme de huict cens livres, plus au filz de monsieur d'Herville, son filleul, pareille somme de huict cens livres ; plus à monsieur de Barros cy-après nommé la somme de cinq cens livres ; plus aux pauvres, cent livres quy seront distribuez par lesdits sieurs Croze et Chevallier, et à monsieur Valland, médecin de monsieur le grand prieur, mil livres, de touttes les susdictes sommes revenant ensembles à celle de unze mille livres, le dit sieur testateur en faict don et lègue au sus-nommé à chacun de ce qui est spéciffié, la susdicte donnation et letz faict aud. sieur Gasselin aux susdictes charges, et condition touttesfois que sy monsieur de Barcos à quy appartient l'autre moitié ausdites offices demande à avoir l'autre moityé d'offices donnée, elle luy sera accordée en payant les susdicts unze mil livres aux susnommez, et oultre la somme de cinq cens livres aud. sieur Gasselin, lequel au dict cas ne pourra rien prétendre en la moitié d'iceux offices, et en cas que le dict sieur de Barcos fasse ladicte acceptation, led. sieur testateur luy donne, et lègue ce quy sera deubz à luy sieur testateur au jour de son décèds, des gaiges et droitz de la moitié desd. offices.

Item donne, et lègue au filz de monsieur le marquis de Louvoy, qui portera le nom de Marquis de Courtanvault, et à qui appartiendra led. marquisat, son dict office de commissaire à la conduitte et police de la compagnie des gensdarmes servant à la garde de la personne du Roy, à condition que les deniers qui en proviendront seront employés par le dict seigneur marquis de Louvoy en acquisitions de terres, et domaines qui seront jointz et unis aud. marquisat de Courtanvault, en considération de l'affection qu'il a toujours eüe pour la maison de Souvré, d'où vient le marquisat.

Item donne, et lègue aud. Mre Gilles Chevallier son filleul, commissaire aud. chastelet, son office de commissaire appoincté pour faire la conduitte et police du régiment des gardes du Roy, à condition de par luy payer à la damoiselle sa sœur la somme de quinze mil livres de laquelle led. sieur testateur luy faitz don et legtz, lesquels quinze mil livres données à la dicte damoiselle Chevallier, luy demeureront propres et aux siens de son costé et lignée.

Item donne, et lègue à Eustache et Gilles du Breuil cent livres de rente racheptable de deux mil livres deubz par messieurs Sançon desquels il estoit caution de la dicte rente laquelle il a racheptée.

Item donne, et lègue aux enfans de Guillaumet en son vivant l'un des jardiniers la somme de quatre cens livres pour une fois payez.

Item donne, et lègue à Gilles Francourt son filleul la somme de six cens livres pour une fois payez.

Item donne, et lègue à Gilles Marsaine pareille somme de six cens livres tournois pour une fois payez.

Item donne, et lègue à Gilles de Malvaux la somme de cinq cens livres pour une fois payé.

Item donne, et lègue au fils de monsieur de la Genitière son filleul la somme de huict cens livres pour une fois payé.

Item donne, et lègue à la fille de Ragu la somme de trois cens livres pour une fois payé.

Item donne, et lègue à la nommée de Bouillon quy l'a servy la somme de deux cens livres pour une fois payée.

Item donne, et lègue au sieur Sallé la somme de douze mil livres pour une fois payé.

Item donne, et lègue aux enfans du sieur Algrain pareille somme de douze mil livres pour une fois payé et aux enfans du nommé Chaslot semblable somme de douze mil livres aussy pour une fois payé.

Item donne, et lègue à Monsieur le grand prieur huict sièges de satin blanc en broderye de fleurs nuée de soye.

Item donne, et lègue à madame la duchesse de Schomberg un petit lict en broderye fond blanc, et un tapy de thoille de coton avecq petitz arrière poinctz de soye, semé de bouquets brodé de broderye et cordonnets de soye aveq de l'or.

Item donne, et lègue aud. seigneur marquis de Louvoy sa tappisserye des triomfes de Bacus, contenant sept pièces, son tableau de Julles Romain représentant l'histoire d'Icare et touttes les coppies de Chaperon quy sont dans sa salle basse.

Item donne, et lègue à la dicte dame Dandrevy une tapisserye de Flandre représantant des paysages, contenant six ou sept pièces, plus deux petits plats, une douzaine d'assiettes, une esguière couverte, une escuelle couverte, deux petites sallières, six cuillières, six fourchettes, le tout d'argent, pour en user et jouir sa vie durant seullement, et après son déceds, le tout appartiendra ausdits religieux de Calmadeu du couvent de Bessé, ausquels il en faict don. De plus donne et lègue à la dicte dame Dandrevy douze sièges de broderye de laine sur un fond blanc, six paires de draps de moienne thoille, six douzaines de serviettes, six nappes aussy de moienne thoille, six platz d'estain, une douzaine d'assiettes aussy d'estain.

Item donne, et lègue encorres à la dicte Blanche, l'une de ses servantes, une douzaine de sièges de tappisserye à bâtons rompus, deux matelas, une couverture, quatre douzaines de serviettes, quatre nappes, quatre paires de draps de moyenne thoille.

Item donne, et lègue en oultre ausdicts religieux de Camadeu de Bessé, touttes les coppies sur laine du vieil, et nouveau testament d'après Raphaël, quy se trouveront en sa maison, plus dix huict cens livres quy sont deubz aud. testateur par mademoiselle de Congis pour argent qu'il luy a presté, dont il n'a aucune promesse, plus tous les tableaux de Nostre Dame quy se trouveront appartenir aud. sieur testateur en la maison où il est demeurant, déclare le dict sieur testateur que tous les meubles qui sont dans la chambre de la dicte dame Daudrevy appartiennent à icelle dame.

Item led. sieur testateur donne, et lègue au sieur Halaire solicitteur des affaires de Monsieur le grand prieur, la somme de trois cens livres pour une fois payé.

Item led. sieur testateur donne, et lègue au sieur Mouton, ecclésiastique à Sainct-Germain-de-l'Auxerois la somme de trois cens livres une fois payé.

Item donne, et lègue aud. sieur Sallé deux petites tantures de tappisserye l'une représentant des fleurettes, et l'autre un bocage, qu'il a presté à monsieur le grand prieur.

Item donne, et lègue à la dame Elisabeth de Landrevy sa vie durant seullement, la jouissance et usurfruict de seize cens quatre-vingt-deux livres dix-huict solz de rente sur les aydes dont ne s'en paye à présent que moitié, et les droits de prud'hommes et vendeurs de cuirs de la ville de Gisors, à condition d'élever le petit Collin Godard et après le décéds de la dicte dame Dandrevy il fait don de la dicte rente, sur les aydes, à Blanche sa servante, aussy sa vie durant, à condition d'en donner par chacun an la somme de quatre cens livres pour l'éducation dud. Colin Godard, et après le décéds de la dicte Blanche il faict don d'icelle rente aud. Colin Godard pour en faire et disposer par luy ainsy qu'il advisera.

Item donne, et lègue à monsieur Frémont, fils aisné de feu mons^r Frémont secrétaire des commandements de feu monsieur le duc d'Orléans, les droits de prud'hommes et vendeurs de cuirs de la ville de Gisors, pour en commancer la jouissance du jour du décéds de la dicte dame Dandrevy, pour le surplus de tous les biens dud. sieur testateur, le présent testament exécutté, il le donne, et lègue encorres aud. sieur Chevallier commissaire, pour en disposer à sa volonté à condition de faire conduire un mozollée dans l'esglize desdits revérends pères de Camaldeu aud. Bessé, et le faire mettre en place, mesme payer ce qu'il faudra pour icelluy, et demeureront propres aud. sieur commissaire Chevallier et aux siens de son costé et lignée, les biens que led. sieur testateur luy donne par son présent testament, et pour exécutter, et accomplir le dict présent testament selon sa teneur, led. sieur Renard a nommé et esleu lesd. sieurs Croze, et Chevallier, comme dict est, ès mains desquels il s'est dessaisy de ses biens voullant qu'ils en soient saisis à la charge de la redition de compte de l'exécution d'iceluy testament, en soumettant l'audition à la justice de la prévosté de Paris, révocquant par luy tous aultres testaments, codicilles et aultres ordonnances qu'il avoit faicts auparavant celluy auquel il s'arreste, et veult estre exécutté.

Ce fut faict, texté, dicté, nommé de mot après autres, par ed. sieur testateur ausdicts notaires soubzsignés et à luy par l'un d'iceux en la présence de l'autre, leu et releu, qu'il a dict bien entendre, et estre sa dernière volonté en la chambre où il est malade de corps, devant désignée, l'an mil six cens soixante-neuf le vingt-huictiesme jour de décembre, sur les cinq heures de relevée, et a signée la minutte des présentes demeurée vers et en la possession d'Ogier, l'un desd. nottaires soubzsignéz.

      Pour coppie,

          LEMAISTRE.

MAMERS. — TYP. G. FLEURY ET A. DANGIN. — 1893.

www.ingramcontent.com/pod-product-compliance
Lightning Source LLC
Chambersburg PA
CBHW070708050426
42451CB00008B/552